Cheeky Kama Sutra

le guide de poche

Aimez-vous partout...

ISBN : 978-2-258-08276-2
Numéro d'éditeur : 1091

Textes et illustrations de Cheeky Kelly.
Maquette de Camille Vacher.

Retrouvez-nous sur Internet : www.horscollection.com

Hors Collection | un département place des éditeurs

place des éditeurs

Cheeky Kama Sutra

le guide de poche

de Cheeky Kelly

HORS }{ COLLECTION

Sommaire

Comment ça marche ? 6

Le jeu des positions 7

Les Cheeky Conseils 17

Les Cheeky Positions 29

La BD 69 126

Le Kama Sutra, vous connaissez ?

Bien sûr ! Mais toutes celles qui ont déjà essayé de lire le Kama Sutra original ont certainement perdu patience... Ce vieil ouvrage indien est très long et très compliqué... et en plus, la moitié des positions sont impossibles à réaliser, à moins d'avoir fait trente années de contorsionnisme au cirque !!!

Alors voilà le petit livre que vous attendiez toutes !
Le Kama Sutra de poche qui regroupe plein de positions super marrantes et faciles à mettre en pratique !

Comment ça marche ?

On a donné des noms originaux à chacune des positions parce que c'est plus mignon de dire à son partenaire « Et si on faisait un Cheeky Rodéo ? » que de dire « Et si tu me prenais en pivot inversé tandis que je retiens ton linga dans mon yoni ?!? » (C'est de l'indien... tu peux pas comprendre !)

Vous trouverez une position pour chaque double page avec des explications techniques et des petits conseils coquins pour un maximum de plaisir !!!
Avec le Cheeky Kama Sutra, on vous facilite la vie, on vous donne des idées pour pimenter vos nuits et en plus ce sera très facile !!!
Alors ? Merci qui ?

Le jeu des positions

Avec le Cheeky Kama Sutra, découvrez 48 positions en vous amusant. Le jeu est un élément important dans la vie du couple et il vous permettra d'avoir une sexualité épanouie !
La règle est simple. Cheeky Boy ou Cheeky Girl doit donner :
- Un chiffre de 1 à 3.
- Une lettre de A à P.
Cette combinaison correspond à une position que vous trouverez dans les planches du Jeu des positions qui suivent...

À vous de jouer ! ->

A
B
1
30
40
2
44
48
3
38
32

C
D
42
52
1
46
34
2
36
50
3

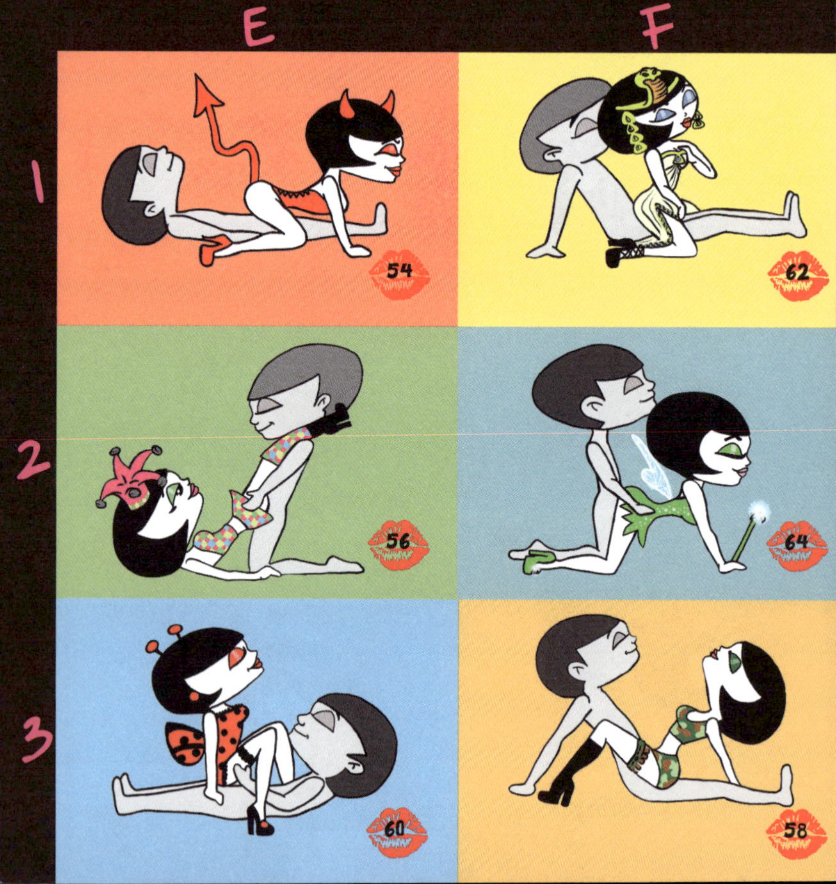
E
F
1
54
62
2
56
64
3
60
58

G
H
1
2
3
72
68
70
76
74
66

i
J
1
78
88
2
84
86
3
82
80

K
L
1
2
3
90
100
94
92
96
98

M
N
1
2
3
102
106
110
104
112
108

O
P
1
2
3
116
122
124
114
120
118

Les Cheeky Conseils

Les préliminaires

Avant d'attaquer sauvagement les positions, parlons un peu des préliminaires...
C'est si bon de stimuler son partenaire, de le caresser, l'embrasser... Pour cela, vous avez été doté de deux outils merveilleux :

- Vos mains... avec la paume pour caresser et masser, les doigts pour titiller, les ongles pour griffer.
- Votre bouche... équipée de toutes les options : la langue pour lécher, les dents pour mordiller, les lèvres pour sucer.

Alors, elle est pas belle la vie ?

Et si rien ne marche pour faire monter l'excitation de Cheeky Girl, on peut utiliser un lubrifiant (de préférence à base d'eau).
Et si rien ne marche pour faire monter Cheeky Boy, il y a toujours la petite pilule bleue...

L'ambiance

Faire des câlins, c'est bien, mais pourquoi ne pas créer en plus une belle ambiance ?
Le choix ne manque pas et il suffit parfois de presque rien pour rendre ce moment très romantique...

- des bougies,
- des voilages vaporeux,
- une lumière douce qui met en valeur vos courbes,
- de l'encens parfumé (il en existe même aux propriétés aphrodisiaques),
- une tenue sexy,
- un verre de bon vin ou du champagne,
- des pétales de roses...

Faites jouer votre imagination... osez !

La fellation

La fellation est très appréciée des Cheeky Boys, Cheeky Girl peut jouer avec sa bouche, sa langue et ses mains pour donner un maximum de plaisir à son Cheeky Boy.
Lécher... sucer... embrasser...
mais ne mordez pas, par pitié !

Elle peut sucer juste le gland, la zone la plus sensible de Cheeky Boy, et caresser son sexe en même temps... ou décider de le prendre en entier dans sa bouche et de faire des mouvements de va-et-vient...

Quand Cheeky Boy est prêt à venir, elle décide si elle veut avaler ou pas. On ne peut savoir si on aime sans avoir essayé !

Le cunnilingus

D'accord, le nom est très compliqué, mais c'est très simple de faire plaisir à Cheeky Girl !

Le cunnilingus est très excitant... Cheeky Boy pourra jouer avec ses lèvres et sa langue pour stimuler le clitoris et le vagin de Cheeky Girl.

On peut le pratiquer dans plein de positions affriolantes... Cheeky Girl peut s'allonger sur le dos et écarter les jambes, ou alors rester debout tandis que son Cheeky Boy s'agenouille devant elle. Cheeky Boy peut alors en profiter pour caresser le reste de son corps. Elle devrait apprécier toute cette gamme de sensations...

Et l'orgasme devrait vite arriver pour Cheeky Girl !

Tous à l'eau !

Voilà une bonne occasion pour être propre et découvrir de nouveaux horizons érotiques ! Prendre une douche ensemble... se caresser... se savonner... jouer avec la pomme de douche... plus bas... oui plus bas !

Et pourquoi pas un bon bain ? Rien de tel pour se détendre : jouer avec la mousse ou son petit canard, mettre des pétales dans l'eau, disposer des bougies autour de la baignoire... Devenez des explorateurs des fonds marins !

Mangez-moi !

Goûtez aux plaisirs gourmands pour le croquer ! Miam miam... voilà quelques bonnes idées :

- Tartinez votre partenaire de crème au chocolat, de miel ou de toute autre friandise que vous aimez !
- Sortez la bombe de crème chantilly et transformez votre partenaire en dessert !
- Achetez un stylo de déco pour les gâteaux, écrivez des mots doux... et léchez le tout !
- Posez des fruits le long de son corps, organisez un parcours et dégustez-les !

Ne vous privez pas, mais pensez à installer un drap exprès pour accueillir ce jeu amoureux qui devient rapidement « collant » ! Et ensuite, à la douche pour de nouveaux plaisirs !

Explorez

Il n'y a pas que les mains pour caresser.
On peut procurer plein de sensations avec des accessoires tout simples...

Quelques idées :

- Parcourir le long de son corps avec une plume.
- Caresser Cheeky Boy avec vos cheveux...
- Sensations garanties avec des glaçons...
- Jouer avec des perles et des colliers...

Faites preuve d'imagination et trouvez d'autres accessoires qui vous assureront un maximum de plaisir.
Explorez de nouvelles sensations !

Le 69

Le plus beau chiffre en mathématique !
Cheeky Boy et Cheeky Girl se donnent du plaisir en même temps...

Le plus simple est que Cheeky Girl s'allonge sur Cheeky Boy... À l'envers, vous l'aurez compris ! C'est aussi très agréable de le pratiquer sur le côté, la tête posée sur la jambe de l'autre.

Enfin, débrouillez-vous pour vous emboîter !
Et si ça ne marche pas, inventez la position 70 !

Attache-moi !

Vous pouvez vous attacher ou attacher votre partenaire, et même vous bander les yeux, ce qui augmentera encore plus votre sensibilité et vous fera devenir accro à ces jeux amoureux !

Vous pourrez alors jouer sur le fantasme dominant-dominé...
Quelques idées pour s'attacher :

- au lit,
- au radiateur,
- à la rampe d'escalier.

Vous pouvez le faire avec :

- une cravate,
- un ruban,
- des menottes,
- votre string,
- votre soutien-gorge.

Enfin, vous trouverez bien quelque chose...

SM (Super Mignon)

Vous avez envie de tenter le SM soft ? Pourquoi pas ? À vous d'établir un code pour décider quand vous voudrez arrêter... Ensuite, il suffit de faire confiance à son partenaire pour vraiment bien en profiter. Vous pouvez tout simplement commencer avec la fessée... doucement, puis un peu plus fort... Comment ça, encore ?

Vous pouvez ensuite jouer... Voici quelques idées :

- Prenez une règle ou un petit fouet !
- Faites couler de la cire de bougie chaude sur le corps de votre partenaire !
- Griffez votre partenaire !
- Jouez avec des pinces à linge... aouch !
- Mettez des talons aiguilles et enfoncez-les légèrement dans le torse de Cheeky Boy en le dominant !

À vous de fixer vos limites d'un commun accord !

Les Cheeky Positions

La cheeky

Cheeky Girl peut se pencher plus ou moins en avant et se balancer sur son chéri...

hôtesse de l'air

Cheeky Boy est assis sur une chaise, ou au bord du lit, et Cheeky Girl s'assied sur lui, de dos.
À elle ensuite de donner le rythme et de choisir l'amplitude des mouvements pour un décollage parfait !

Pour la suite... on vous fait confiance !

Le petit +

Cheeky Boy en profite pour caresser sa chérie et l'orgasme ne devrait pas tarder... Voilà ce qui s'appelle « s'envoyer en l'air ! »

La cheeky

Cheeky Girl peut aussi s'asseoir sur une chaise ou un lit bas et Cheeky Boy se mettre à genoux. S'il est trop bas, prenez un escabeau, s'il est trop haut, cherchez un autre meuble !

infirmière

Cheeky Girl est allongée ou assise sur une table (de cuisine, de bureau, à vous de choisir bande de petits fous !).
Cheeky Boy s'approche d'elle, debout... Cheeky Girl peut enlacer son Cheeky Boy avec ses jambes...

Le petit +

La position rêvée des amants pressés... surtout au boulot !

La cheeky

L'avantage c'est que Cheeky Girl peut faire quelque chose en même temps... Écrire, cuisiner, bouquiner... Pratique pour faire l'amour partout et s'inventer un scénario sexy !

écolière

Cheeky Girl est debout, elle s'appuie contre une table, une chaise, un mur... enfin, il y a le choix ! Cheeky Boy vient derrière elle... Et maintenant, c'est à lui de travailler et de décider du rythme.

Le petit +
Cheeky Girl peut changer l'angle du plaisir !

La

On fantasme sur qui on veut pendant que Cheeky Boy domine la situation… et en plus il peut caresser sa Cheeky Girl ! Ça donne envie de continuer longtemps…

Cheeky captive

Cheeky Girl, à genoux, prend appui sur le bord du lit ou sur la table de salon, et Cheeky Boy se place derrière elle...

Pour la suite... on vous fait confiance !

Le petit +

Prévoyez des bons pansements pour les genoux qui frottent sur la moquette !

Le

Cheeky Girl est délicieusement soumise aux assauts de son Cheeky Boy. Avec cette position, l'orgasme vous fera crier « Hawaiiiiii !!!! »

cheeky aloha

Cheeky Girl s'allonge sur le ventre en écartant les jambes. Cheeky Boy s'agenouille derrière elle et s'assied à califourchon sur l'une des jambes. Il la pénètre tout en lui soulevant l'autre jambe...
Vous allez vous sentir comme deux naufragés de l'amour, rescapés sur une île déserte et prêts à savourer les fruits de la passion !

Le petit +

C'est Cheeky Boy qui commande et qui contrôle la situation...
Aimez-vous tout nus à Honolulu !!!

Le

C'est la position d'Andromaque et c'est Cheeky Girl qui choisit le rythme, l'angle et stimule son point G ! Depuis le temps qu'on le cherchait celui-là !

Cheeky grrr

Cheeky Boy est couché sur le dos et Cheeky Girl se place sur lui. Elle peut se mettre accroupie ou agenouillée, et ensuite, c'est à elle de commander... Cheeky Girl peut même se la jouer un peu dominatrice...
Vive le pouvoir !

Le petit +

Cheeky Boy peut caresser les seins, le clito et les fesses de sa Cheeky Girl... Bande de petits sauvages !

La cheeky

Cheeky Girl peut prendre appui sur ses mains et donner des coups de reins...

gouvernante

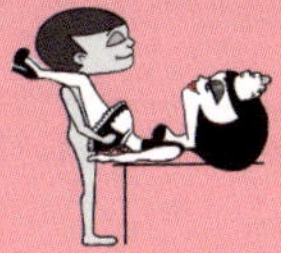

Cheeky Girl est allongée sur une table ou un bureau ; Cheeky Boy est debout et se met au travail tout en donnant le rythme ! Qu'est ce qu'on vous sert au dessert ? De l'amour sur un plateau !

Le petit +

Position à réaliser dans plein d'endroits originaux... Soyons fous !

Le cheeky

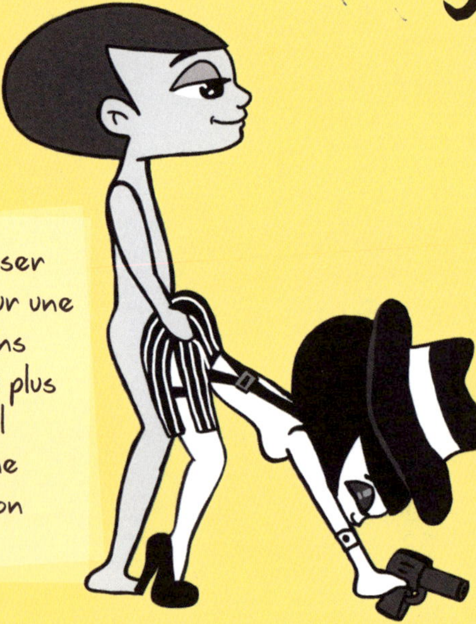

Cheeky Girl peut aussi poser ses mains ou son buste sur une table, ce sera un peu moins acrobatique... mais un peu plus confortable ! Cheeky Girl touchera peut-être même le gros lot en trouvant son point G !

hold-up

On se la joue Bonnie & Clyde... Cheeky Girl se baisse, Cheeky Boy se place derrière elle et lui tient les hanches pour donner le rythme... prêt à dégainer son super flingue pour le plus grand plaisir de Cheeky Girl.

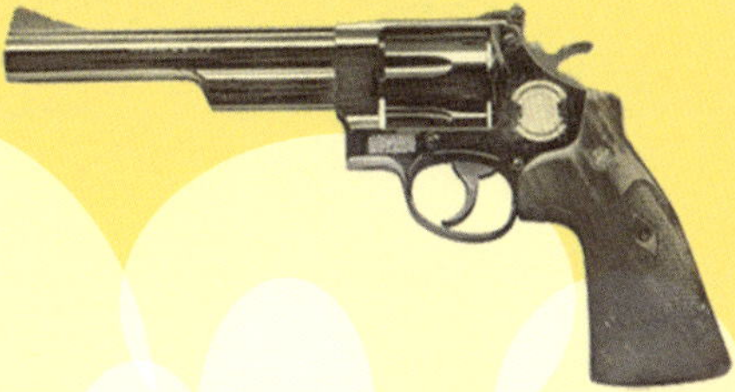

Le petit +

Si Cheeky Boy fait 3 m et Cheeky Girl 1 m 50, ce sera un sacré défi !

Le

Cheeky Girl et Cheeky Boy sont face à face et en profitent pour se faire des bisous et des confidences !!!

Cheeky paradis

Cheeky Boy s'assied sur le lit et Cheeky Girl s'assied sur lui... C'est à elle d'onduler son bassin. Elle peut aussi serrer les jambes autour de la taille de Cheeky Boy.

Alors, c'est pas la paradis sur terre ? enfin... sur lit ?!

Pour la suite... on vous fait confiance !!!

Le petit +

Avouez, l'amour, ça donne des ailes !

Le cheeky

Cheeky Boy contrôle le rythme et le sens des mouvements, tandis que Cheeky Girl se muscle les bras en titillant son Point G !!!

pomme d'amour

Pour réaliser cette position, c'est facile, faites la brouette ! Cheeky Girl se met à quatre pattes, Cheeky Boy se place debout derrière elle et lui soulève les jambes. Il ne lui reste plus qu'à cueillir la pomme d'amour de Cheeky Girl...

Le petit +

Cheeky Girl peut chanter « Un jour, mon prince viendra »... Ce qui est sûr, c'est que l'orgasme, lui, viendra à tous les coups !!!

Le

L'idéal pour faire l'amour au bureau avec son patron, sa secrétaire, un collègue, le livreur, la concierge... À vous de choisir !

Cheeky sauvage

Cheeky Boy est tranquillement assis sur une chaise et Cheeky Girl s'assied sur lui... Elle donne le rythme des événements en dominant monsieur...
Un petit côté sauvage... grrr...

Le petit +

Pourquoi ne pas planter vos griffes dans le dos de Cheeky Boy ?

Le

C'est l'union suspendue car Cheeky Girl est enroulée à son chéri… Cheeky Boy va avoir des pectoraux de champion après ça !

d'enfer

Cheeky Girl devient Bad Girl...
Elle s'assied à genoux sur son Cheeky Boy tranquillement allongé et lui montre ses fesses de diablesse...
Ensuite, à elle de choisir l'angle et le rythme à donner pour un câlin d'enfer !

Pour la suite... on vous fait confiance !

Le petit +

Cheeky Girl doit faire attention à l'angle qu'elle choisit pour ne pas faire mal à son Cheeky Boy... Et oui, sa fourche endiablée peut encore servir !

Le cheeky

Cheeky Boy a une très belle vue... petit voyeur ! Et en plus, la pénétration profonde devrait vous rendre fous de bonheur !

fou du Roi

Cheeky Girl se couche sur le dos, Cheeky Boy s'agenouille devant elle et commence à faire le fou...
À ce moment-là, Cheeky Girl, aidée par la force de son roi de l'amour, soulève ses fesses et ses hanches et ne garde que le haut du corps en contact avec le lit.

Le petit +

Quelques petits exercices d'étirements avant l'action seront peut-être utiles à Cheeky Girl...

Le cheeky

Cette position permet à Cheeky Boy et à Cheeky Girl de se regarder et de se dire des mots tendres… C'est bien connu, l'orgasme apaise les tensions, alors faites l'amour, pas la guerre !

face à face

Cheeky Girl s'assied sur Cheeky Boy et bascule son corps vers l'arrière en ramenant ses jambes en avant...
Et là, elle bouge son bassin, elle fait des mouvements circulaires et des va-et-vient...

Le petit +

Les yeux dans les yeux, on voit le plaisir de son partenaire !

Le cheeky

Cheeky Boy profite d'une vue absolument magnifique ; il ne lui reste plus qu'à faire un voeu devant sa coccinelle tout en caressant son petit point d'amour.

porte-bonheur

Cheeky Boy s'allonge sur le dos, et Cheeky Girl s'assied face à lui. C'est ensuite à elle de contrôler le rythme : elle peut faire des mouvements doux en ondulant son bassin d'avant en arrière, ou prendre appui sur les jambes de Cheeky Boy et faire de plus grands mouvements de bas en haut.

Le petit +

Cheeky Boy peut aussi aider Cheeky Girl en soulevant son bassin avec les mains.

Le cheeky

Cheeky Girl peut en profiter pour se caresser les seins et le clito... sensations fortes garanties !

cleopatra

Cheeky Boy est assis sur le lit avec les jambes tendues.
Cheeky Girl s'agenouille dos à Cheeky Boy, à califourchon sur sa grosse pyramide !
C'est à elle d'onduler du bassin pour devenir la reine de l'amour !

Pour la suite... on vous fait confiance !

Le petit +

Cheeky Boy peut aussi en profiter pour caresser Cheeky Girl... Soyez son esclave du plaisir !

La

Cheeky Boy aime cette position car il domine la situation...
Cheeky Girl peut pendant ce temps penser à George... what else ?
Et son point G est content !!!

fée cheeky

Cheeky Girl se met à quatre pattes et Cheeky Boy se place derrière elle, dressé sur ses genoux. Il gère le mouvement de va-et-vient... au royaume enchanté de la féérie de l'Amour !!!

Le petit +

Cheeky Boy peut en profiter pour caresser les seins et le clito de sa belle Cheeky Girl...

La cheeky

Cheeky Girl va sentir les rebonds des castagnettes de Cheeky Boy sur ses fesses relevées...

flamenco

Cheeky Girl s'allonge sur le dos et lève les jambes jointes. Cheeky Boy se place à genoux devant elle, empoigne les deux jambes d'une main et guide le bassin de Cheeky Girl de l'autre main.
Et c'est parti pour une danse sauvage et sensuelle.

Le petit +

Cheeky Boy peut réaliser un fantasme de domination... Olé !
Il va voir rouge ce soir !

Le cheeky dans

C'est le printemps, il est temps de labourer les champs et de cueillir la fleur de Cheeky Girl.
Cheeky Girl peut lever encore plus haut sa jambe libre pour une pénétration plus profonde !

les champs

Cheeky Girl s'allonge sur le dos et écarte légèrement les jambes. Cheeky Boy s'allonge sur elle à califourchon sur sa jambe droite.
Cheeky Girl plie alors la jambe gauche pour l'enrouler autour des fesses de Cheeky Boy.

Le petit +

Cheeky Boy peut en profiter pour caresser les fesses de Cheeky Girl tout en lui contant fleurette...

Le

Cheeky Boy a une belle vue sur les fesses de Cheeky Girl, ce qui rend la position très excitante !

Cheeky Raider

Une vraie position d'aventuriers ! Cheeky Boy s'allonge sur le côté, les jambes tendues... Cheeky Girl s'assied sur lui à 90° en l'enfourchant. Et c'est parti pour une mission très spéciale !

Le petit +

Cheeky Girl gère le rythme et l'angle de pénétration... pour un plaisir à tomber raide !!!

Le cheeky

Cette fois, c'est Cheeky Girl qui contrôle le rythme et la profondeur de la pénétration, tout en offrant les ondulations de son corps et de ses fesses à Cheeky Boy.

Prison break

Quand le plaisir est là, on n'a surtout pas envie de faire un break... Cheeky Boy s'allonge sur le dos, les jambes pliées. Cheeky Girl s'assied à califourchon sur une de ses jambes, puis elle peut jouer avec son gros barreau !

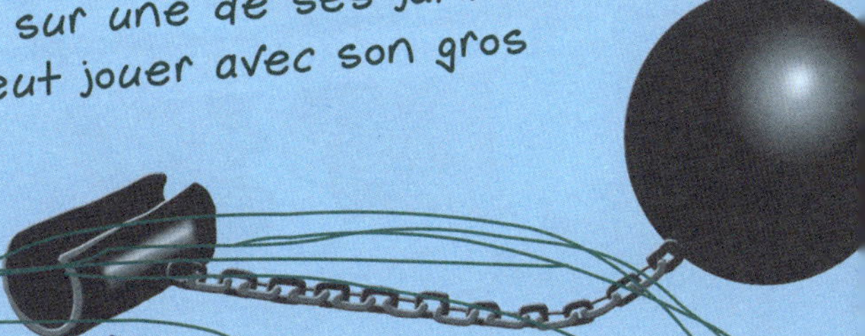

Le petit +

Cheeky Boy peut tenter de lui donner une petite claque sur les fesses pour faire monter l'excitation... Vous allez être enchaînés l'un à l'autre et prisonniers de l'amour !!!

Le

Cheeky Boy est ravi car il voit tout ce qui se passe... ce coquin !!!
Cheeky Girl est libre de bouger comme elle veut... et libre de fantasmer sur qui elle veut !!! Et si on sortait le fouet pour devenir des justiciers de l'amour coquin ?

Cheeky Z'aime

Cheeky Girl s'assied sur lui en étant accroupie ou agenouillée... et elle donne le rythme en partant au galop ! Cheeky Girl tourne le dos à son Cheeky Boy, mais ce n'est pas pour lui faire la tête... c'est juste pour lui faire du bien !!!

Le petit +

Cheeky Boy devrait atteindre un plaisir z... exceptionnel !!!

Le cheeky

Cheeky Boy et Cheeky Girl batifolent, tout proches, et en profitent pour se susurrer des mots doux...

papillon

Cheeky Boy s'assied en tailleur et Cheeky Girl s'assied sur lui à califourchon...
Une fois la position tenue, elle croise les jambes comme pour les mettre en tailleur.
L'un contre l'autre, vous allez voler vers de nouvelles sensations...

Le petit +

C'est la théorie de l'effet papillon...
Un orgasme aujourd'hui aura de grandes conséquences sur la suite de votre relation !

Le

Pour se reposer, Cheeky Boy peut décider de s'allonger sur le dos, et c'est Cheeky Girl qui s'occupe de son gros tigrou !!!

Cheeky tigrou

Une position très féline qui exige un minimum de force.
Cheeky Boy se place sur le dos et se hisse sur ses bras. Cheeky Girl s'assied dos à lui et mène le rythme pour une chevauchée sauvage!

Pour la suite... on vous fait confiance !

Le petit +

Réveillez l'instinct animal qui est en vous en mordillant et en griffant.

La cheeky

La position est très douce et intime, et la pénétration peu profonde...

nuit de noces

Cheeky Girl s'allonge sagement sur Cheeky Boy. Elle s'installe puis serre les jambes en gardant le corps aligné sur lui...

Cheeky Boy peut aussi écarter les jambes pour faire glisser sa partenaire entre ses cuisses...

Le petit +

On se concentre sur son plaisir et on crie « Ouiiiiiiiii !!! »

Le

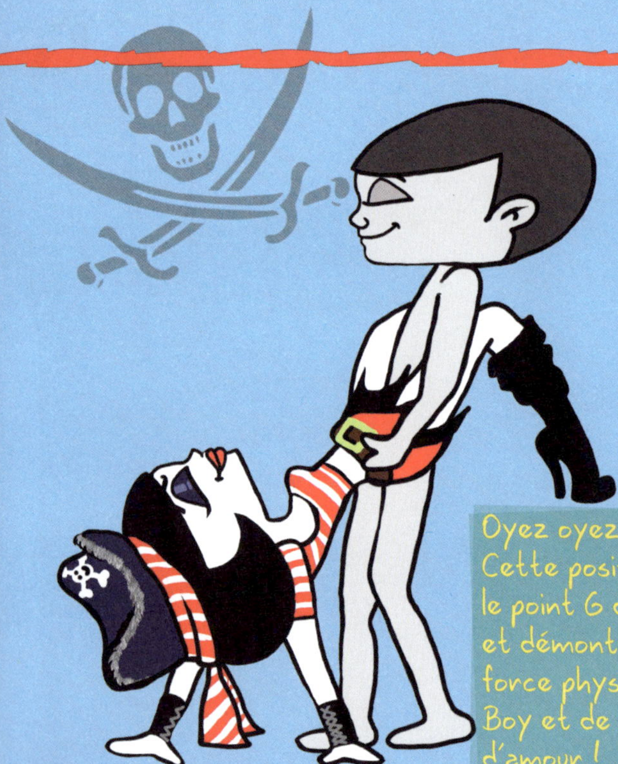

Oyez oyez matelots ! Cette position stimulera le point G de Cheeky Girl et démontrera toute la force physique de Cheeky Boy et de son mât d'amour !

Cheeky pirate

À l'abordage ! Cette position s'avère difficile mais hautement excitante ! Pour la réaliser, commencez par la pratiquer au sol : Cheeky Girl est allongée sur le dos et Cheeky Boy est accroupi face à elle. Il ne lui reste plus qu'à se hisser en haut, tandis que Cheeky Girl tend les bras !!!

Le petit +

Une position pour les amants qui veulent explorer de nouveaux océans de plaisir en affrontant une tempête de hautes sensations !

La cheeky

Cheeky Boy peut s'adonner à ses fantasmes de domination... et même tenir les cheveux de Cheeky Girl.

Sorcière

Aimer, ce n'est pas si sorcier ! Cheeky Girl se met à quatre pattes et pose sa poitrine contre le lit.
Cheeky Boy emprisonne ses jambes entre les siennes et s'occupe de Cheeky Girl.

Le petit +

Pas besoin de potion magique pour être vite excité par cette position très animale !

Le cheeky

Une position qui permet à Cheeky Boy d'allumer la flamme de la passion en se penchant et en embrassant sa Cheeky Girl.

au feu

Cheeky Girl s'allonge sur le dos et lève ses jambes en les gardant tendues et en les écartant à 45°.
Cheeky Boy se place à genoux devant elle en plaçant sa tête entre les jambes de Cheeky Girl.

Le petit +

Cheeky Girl peut varier l'amplitude de l'écartement de ses jambes pour changer de sensations... Ça va être très très chaud ce soir !!!

Le

Dans cette position, Cheeky Boy ne risque pas de venir trop vite et c'est lui qui mène le rythme. Cheeky Girl peut choisir de se pencher en arrière ou en avant pour varier les plaisirs...

Cheeky bzzz

Cheeky Boy s'assied à genoux, Cheeky Girl s'assied sur lui, puis elle guide le dard d'amour de Cheeky Boy dans son vagin....
Ensuite, selon sa souplesse, elle lève les jambes sur les épaules de Cheeky Boy.

Le petit +

Cheeky Girl peut en profiter pour se caresser le clito avec une main... En plus, ça fait travailler les abdos ! Bienvenue dans la ruche du plaisir !!!

Le

Cheeky Boy profite de cette vue délicieuse… et se régale du spectacle !

Cheeky Cookie

Cheeky Boy s'assied sur les genoux et Cheeky Girl fait de même, en écartant les jambes et en lui montrant ses fesses... Elle se penche en avant en prenant appui sur ses mains... Une fois tous ces ingrédients mélangés, laissez chauffer pour obtenir l'orgasme de cette recette de l'amour !

Le petit +

Cheeky Boy fait du plat à Cheeky Girl... et peut même en profiter pour lui caresser les seins et le clito d'une main experte !

Le cheeky

C'est la plus connue de toutes, la position du missionnaire, parce que aimer, ce n'est pas une mission impossible... Les débutants y trouveront leur bonheur et même les experts aimeront la pratiquer pour un océan de tendresse !!!

aborDage

Cheeky Boy s'allonge entre les jambes de Cheeky Girl.
Avec un coussin sous les fesses de Cheeky Girl, on change les angles et on varie les plaisirs !!!

Pour la suite... on vous fait confiance !

Le petit +

On s'embrasse... et on se dit des mots qui font chavirer !

Le

Cheeky Girl doit être très souple pour réussir cette prouesse.

Cheeky Sioux

Cheeky Girl s'allonge sur le dos et lève les jambes presque tendues contre sa poitrine...
Cheeky Boy se place à genoux devant elle et place son calumet de la paix dans Cheeky Girl.
C'est lui qui mène le rythme.

Le petit +

Cheeky Boy devrait assez rapidement entrer en transe grâce à cette vue très excitante !

Le cheeky

Cheeky Boy peut en profiter pour se lever sur ses mains et voir ainsi de plus près le visage de sa chérie !!!

Rodéo

Cheeky Girl chevauche son Cheeky Boy... et youhouuuu !!! elle bascule son corps en arrière et fait du rodéo sur son chéri.
Si ça vous amuse, vous pouvez même l'attacher au lasso... Cheeky Girl devient une conquérante du Far West !!!

Le petit +

Cheeky Boy peut caresser sa Cheeky Girl.
C'est bon... Vas-y mon cowboy !!!

La cheeky

Position idéale le matin pour un réveil câlin tout en douceur.
Cheeky Boy peut caresser Cheeky Girl et elle peut même se faire plaisir toute seule !

secrétaire

Cheeky Girl se couche sur le côté... Cheeky Boy s'allonge derrière elle et épouse ses formes. Ensuite, il peut se mettre au boulot !!!

Pour la suite... on vous fait confiance !

Le petit +

Position très intime et toute douce pour les amants qui n'ont pas trop envie de travailler !

Le

Bon, les filles, il est temps de faire
quelques exercices d'assouplissement, sinon ça ne va
pas être facile facile !!!
En tout cas, si vous avez demandé un orgasme pour
Noël, vous allez être servies !

Cheeky Noël

Cheeky Girl pose ses jambes sur les épaules de Cheeky Boy, ce qui permet à Cheeky Boy de la pénétrer très profondément.

Le petit +

Cheeky Girl est toute offerte à Cheeky Boy... c'est Noël !!!

Le

Dans cette position, Cheeky Girl devrait sentir son Point G tout en appréciant de délicieux frottements sur son clito... L'orgasme va vous mettre K.O. !!!

Cheeky K.O.

Cheeky Girl s'allonge sur le ventre et cambre le bassin. Cheeky Boy s'agenouille derrière elle en lui tenant la taille, et c'est parti pour un combat très rapproché !

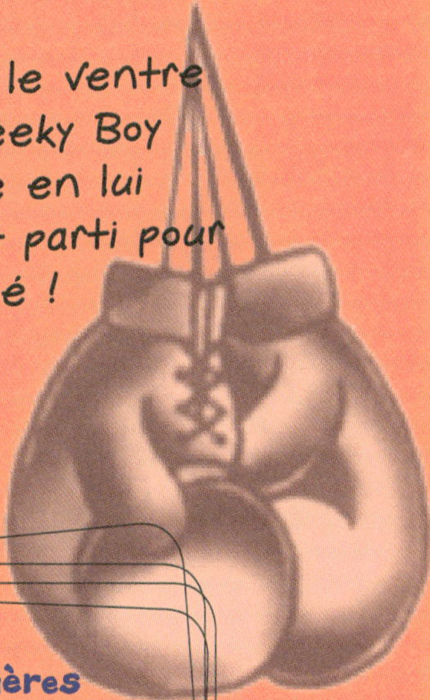

Le petit +

Cheeky Boy est aux premières loges, et c'est lui qui arbitre les mouvements et le rythme !!!

Le magique

Dans cette position, la pénétration est douce et sensuelle… Mais il suffit que Cheeky Girl écarte les jambes et… abracadabra… l'orgasme apparaît !!!

Cheeky

Cheeky Girl s'allonge sur le ventre, les jambes légèrement écartées. Elle se cambre et relève les fesses pour permettre à Cheeky Boy de glisser sa baguette magique... puis elle resserre les jambes en laissant Cheeky Boy contrôler le rythme !

Le petit +

Une position qui permet de varier les plaisirs. Comme quoi, l'amour n'est pas une Grande Illusion !!!

Le cheeky

Dans cette position, la pénétration est profonde... alors n'hésitez pas à utiliser un lubrifiant si vous en avez besoin.

Shanghai

Cheeky Girl est allongée sur le dos. Elle plie ses cuisses contre son ventre et Cheeky Boy tient ses jambes et garde le rythme.

Pour la suite… on vous fait confiance !

Le petit +

Si Cheeky Boy s'y prend bien avec sa petite baguette, c'est un aller simple pour l'Orient-Express du plaisir !!!

Le cheeky mille

Grâce à la lampe magique de Cheeky Boy, le plaisir devrait vous permettre de réaliser tous vos voeux !

et une nuits

Cheeky Girl s'allonge sur le dos et Cheeky Boy se place devant elle à genoux.
Cheeky Girl pose l'une de ses jambes sur l'épaule de Cheeky Boy et place l'autre jambe repliée sur sa poitrine.
Cheeky Boy décide de l'ampleur de la pénétration et du rythme de la danse du ventre.

Le petit +

Cheeky Girl est captive, et son Point G (le bon Génie) adore ça !

Le cheeky

Cheeky Girl peut aussi débuter cet exercice assise sur le bord du lit et Cheeky Boy accroupi... qui la soulèvera ensuite !

Charleston

Une position très agréable qui demande un tout petit peu de coordination pour y arriver... Cheeky Girl passe les bras autour du cou de Cheeky Boy, puis elle place les jambes autour de sa taille. Ensuite, gardez le rythme et plongez dans l'esprit délicieusement désinvolte des Années folles !

Le petit +

Un petit côté sauvage et romantique à la fois... c'est parti pour le Big Band orgasmique !!!

Le

Cet angle de pénétration stimulera à tous les coups le Point G de Cheeky Girl... Tout roule !

Cheeky Roller

Quand on s'aime, tout marche comme sur des roulettes...
Cheeky Girl s'allonge sur le dos et Cheeky Boy s'agenouille devant elle. Il la prend par la taille pour la soulever et mène la course.

Pour la suite... on vous fait confiance !

Le petit +

Cheeky Girl peut se caresser en même temps pour exciter son Cheeky Boy.

La cheeky

Vous allez découvrir votre super pouvoir de séduction. Les frottements du « croiser-décroiser » vont vous propulser vers des sommets !!!

Superwoman

Cheeky Girl s'allonge sur le bord du lit et lève les jambes. Cheeky Boy s'agenouille devant elle et la pénètre avec son super engin intergalactique. Il lui prend les jambes comme des ciseaux, et s'amuse à les croiser et décroiser légèrement.

Le petit +

Cheeky Boy profite de la vue, et peut jouer avec Cheeky Girl !

La cheeky

Dans cette position très difficile, l'orgasme risque d'être comme le Prince Charmant... laborieux à atteindre !!!

Princesse

En attendant son Prince Charmant, Cheeky Girl s'amuse follement... Une position presque irréelle à essayer pour défier les lois de la gravité ! Cheeky Boy et Cheeky Girl tentent de réussir cet exploit, chacun dos à dos, et pliés en deux vers le sol !

Le petit +

S'aimer, c'est aussi réussir à inventer et s'amuser tout en découvrant son corps... Avec cette position, fous rires assurés !

Le cheeky

Si l'envie vous en dit... vous pouvez vous la jouer Marquis de Sade et tenter des chemins de traverse sur la route du plaisir !!!

Casanova

Qu'il est bon de se retrouver au temps des courtisanes et des marquis...

Cheeky Girl s'allonge sur le ventre en repliant ses jambes sous sa poitrine. Cheeky Boy s'allonge sur elle, à quatre pattes, et la pénètre par derrière.

Le petit +

Cheeky Girl est délicieusement soumise à son Casanova, et peut se laisser aller à quelques fantasmes libertins...

La cheeky

Cheeky Girl domine et montre son corps à Cheeky Boy
« Allez Cheeky Boy ! c'est toi le plus beau, allleeeeez !!! »

pom-pom girl

Cheeky Boy s'allonge sur le dos, et Cheeky Girl s'assied sur lui, mais en posant les deux jambes du même côté...
Ensuite à elle de mener le rythme, pour une équipe gagnante !

Pour la suite... on vous fait confiance !

Le petit +

Cheeky Boy peut en profiter pour caresser les pompons de Cheeky Girl...

Le

Cette position est idéale pour les amants pressés qui ont envie de faire de leur histoire d'amour une oeuvre d'art. Brute, surréaliste ou abstraite... à vous de choisir !

cheeky artiste

Devenez de vrais artistes de l'amour... Pour cette position, Cheeky Girl et Cheeky Boy se tiennent debout l'un en face de l'autre. Cheeky Boy pénètre sa chérie avec son petit pinceau. Cheeky Girl peut lever la jambe contre la cuisse de Cheeky Boy pour varier les sensations.

Le petit +

C'est une étreinte étroite qui vous en fera voir de toutes les couleurs !

La

Le plaisir est très fort car c'est une position très profonde.
Si Cheeky Boy est vraiment très gâté par la nature, allez-y doucement !
Cheeky Girl en poupée d'amour criera :
« Encore... encore... »

poupée cheeky

Cheeky Girl se la joue poupée...
Elle s'allonge sur le dos et ramène ses pieds sur le buste de son Cheeky Boy...
Cheeky Boy se place à genoux et joue de son rythme fou !!!

Pour la suite... on vous fait confiance !

Le petit +

Oui, il faut être assez souple, alors mettez-vous à la gym... au lit !!!

TU LIS ENCORE, CHEEKY? ÇA A L'AIR CHIANT... T'EN ES OÙ?
HEU... PAGE 69...
?
PAGE 69 ? AH LÀ C'EST TOUT DE SUITE MIEUX !
MOI ÇA ME DONNE DES IDÉES !
NON J'AI PAS ENVIE... JE LIS !
ALLEZ... TU FAIS LE 6!
JE FAIS LE 9!
PFFF... C'EST PAS VRAI !

T'ES LOURD À LA FIN !!!
QUOI? MOI JE SUIS LOURD? ALORS QUE JE VEUX UN PEU DE TENDRESSE ?
J'AI DIT NON. C'EST NON. ALORS T'ES GENTIL... TU ME LÂCHES !
JE LIS !!!
Savoir Dire Non
TRÈS BIEN MÂÂÂÂDAME... ET BEN MOI AUSSI JE LIS...
...JE LIS PLAYMAN...
...AU MOINS LES FILLES SONT PAS FRIGIDES !
DU COUP... ON A FAIT UN 96...
POUFIASSE !
PAUVRE TACHE !!!
...C'ÉTAIT BIEN AUSSI !!!
Cheeky

Aimez-vous !

Et n'oubliez pas de vous protéger,
le préservatif est votre meilleur allié...

Achevé d'imprimer en France par Chirat
Dépôt légal : janvier 2010 - N° 201610.0087